Mandalas Ecológicas
Para crianças

Niky Venâncio

3ª edição
São Paulo / 2016

© 2004, Niky Venâncio

Pesquisa, projeto e arte-final: **Niky Venâncio** (nikyvenancio@uol.com.br)

CIP - BRASIL. CATALOGAÇÃO-NA-FONTE
SINDICATO NACIONAL DOS EDITORES DE LIVROS, RJ.

Venâncio, Niky
   Mandalas ecológicas para pintar
/ Niky Venâncio. - São Paulo : Ground, 2004
      il. ;

   ISBN 85-7187-189-2

   1. Mandalas - Literatura infanto-juvenil, 2. Livros para colorir
I. Título.

04-1726.   CDD 028.5
                            CDU 087.5

Direitos reservados:
Editora Ground Ltda.
Rua Lacedemônia, 68 - Vl. Alexandria - Cep 04634-020 - São Paulo - SP
Tel.: xx (11) 5031.1500 - www.ground.com.br - vendas@ground.com.br

Mandalas Ecológicas

As mandalas representam Deus, o ser humano, a vida e a criação.

A forma circular é um símbolo chamado arquétipo, imagem ancestral que faz parte do inconsciente coletivo, a humanidade, e que rege a ordem interior da natureza.

"Mandala" vem do sânscrito (antiga língua culta da Índia), quer dizer círculo, e seu significado original era religioso e místico.

A forma da mandala representa o inexplicável, já que a imagem expressa ultrapassa a nossa capacidade de percepção.

O psicólogo suíço Carl Gustav Jung estudou exaustivamente o efeito curativo das imagens circulares na alma e confirmou que pintar mandalas tranqüiliza e acalma pessoas saudáveis e doentes. Nelas o ser humano encontra o caminho de regresso ao seu próprio interior (sua fonte de energia), acumula as energias anímicas dispersas e lhes devolve a unidade. A este processo de contemplação se chama meditação.

Contemplar uma mandala muito tempo nos leva à sensação de que ela vive. Não é um engano ótico. A estrutura concêntrica sempre leva ao centro, que contém luz e energia. Esta força é como um fogo que aquece a partir desse ponto e invade a mente e a alma de uma intensa tranqüilidade.

Colorir mandalas também melhora nosso estado de ânimo e nos faz participar de um sentimento de êxito.

Efeitos nas Crianças

As crianças dependem das explicações que as imagens lhes proporcionam, sua capacidade de compreensão se desenvolve no decorrer de vários anos e a linguagem dos adultos não lhes permite entender totalmente o mundo.

Todas as crianças podem pintar mandalas de forma instintiva, já que estão mais perto do conteúdo do inconsciente coletivo do que o adulto civilizado e adaptado.

A pintura de mandalas reflete uma relação muito estreita entre o Eu consciente e inconsciente. Especialmente as crianças, que não tem a confiança e o sossego interior imprescindíveis para a plena autoconfiança, encontram, por meio da pintura, as raízes de sua personalidade.

O que é realmente surpreendente é que criar e pintar mandalas tenha efeitos curativos quando a criança não está bem. Contatou-se que crianças nervosas se tranqüilizam e as tensões em geral se reduzem.

Os efeitos terapêuticos da pintura de mandalas se revelaram também excelentes sobre o medo. Observou-se que, enquanto se pinta, os medos profundamente adormecidos no inconsciente desaparecem, por causa do estado de total relaxamento, e aos poucos se transformam.

As mandalas também aumentam a concentração das crianças. Pintar uma mandala antes das tarefas escolares ajuda crianças com dificuldade de concentração e aumenta sua capacidade de assimilação, evitando gasto de energia para manter a autodisciplina.

Ao mesmo tempo que comprovadamente esta atividade tranqüiliza crianças nervosas, em contrapartida estimula e faz mais alegres crianças apáticas e passivas.

Quando medita, a criança dá um passo para o desenvolvimento do núcleo da personalidade, o próprio Eu. Ela pode mudar o seu comportamento mas o seu interior se mantém fiel a si mesmo.

Esta é a grande mensagem a que conduz a pintura e criação de mandalas.

Niky Venâncio é formada em Publicidade pela Universidade Mackenzie, São Paulo, Brasil, com pós graduação em Direção Artística pelo Centro de Estudos Cinematográficos de Catalunha (CECC), e em Realização e Produção (Cinema, Vídeo e Televisão) pelo IDEP (Escola de Altos Estudos de Imagem e Desenho), Barcelona, Espanha.
É artista plástica, ilustradora de livros e designer gráfica.

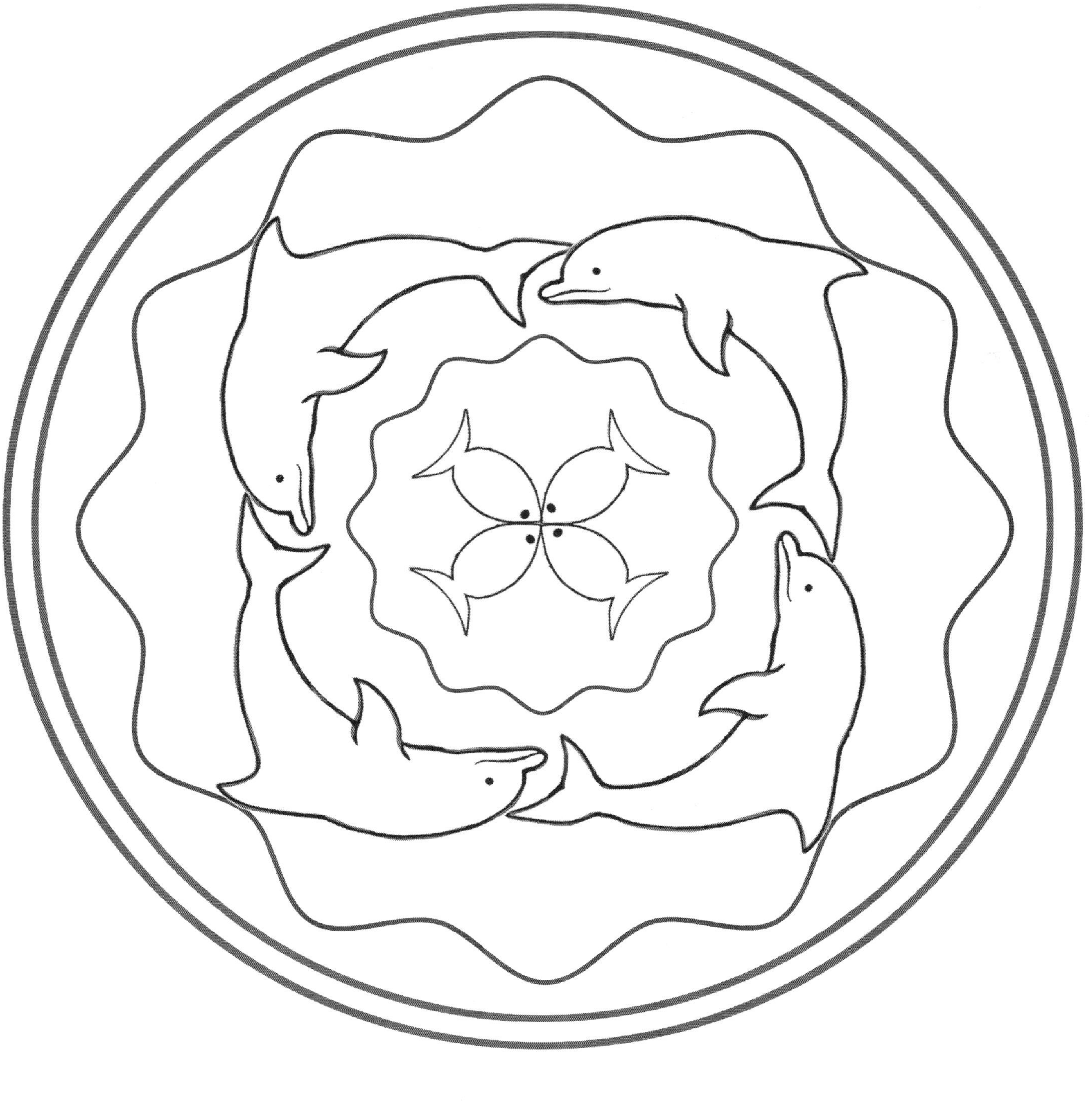

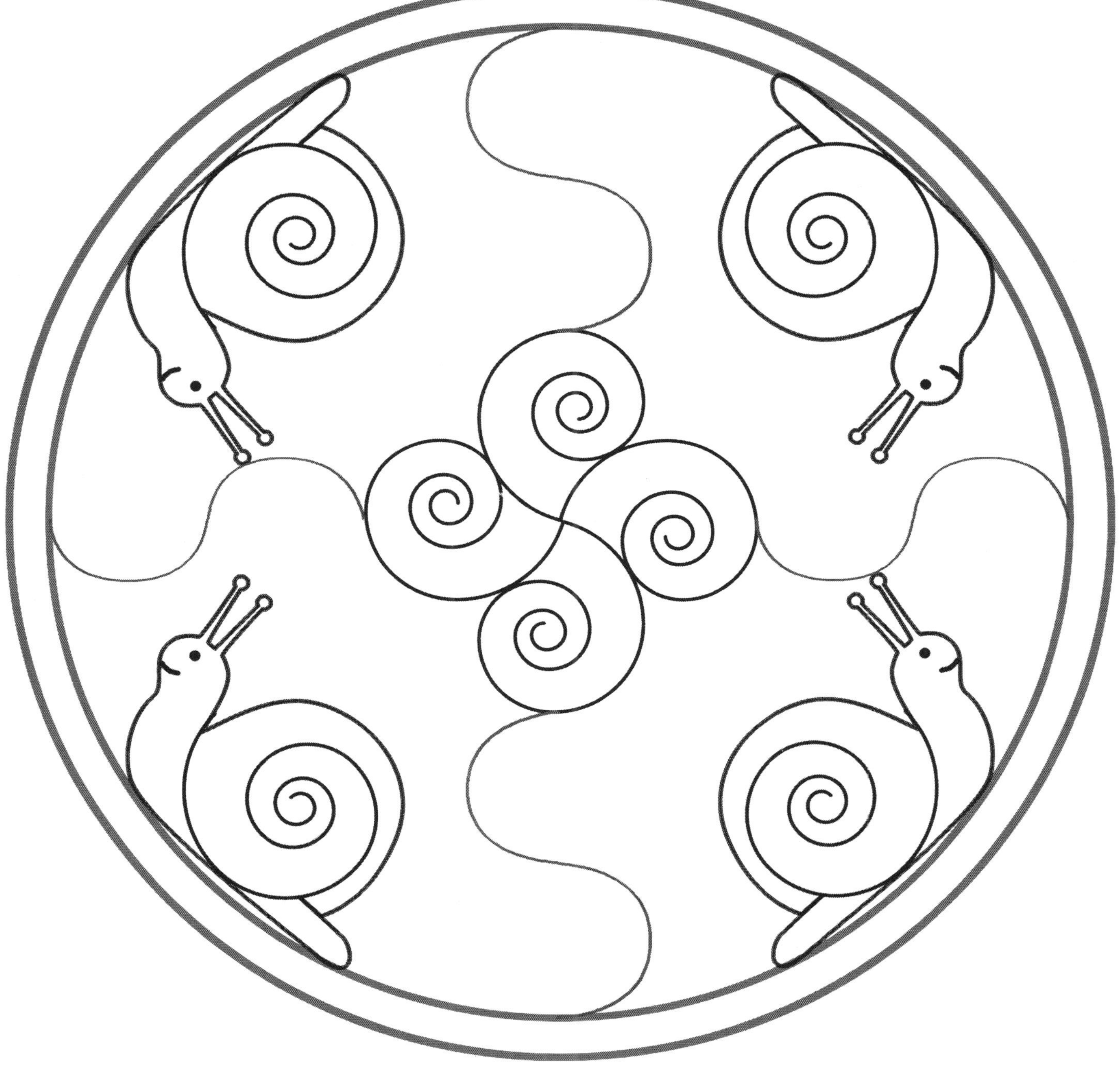

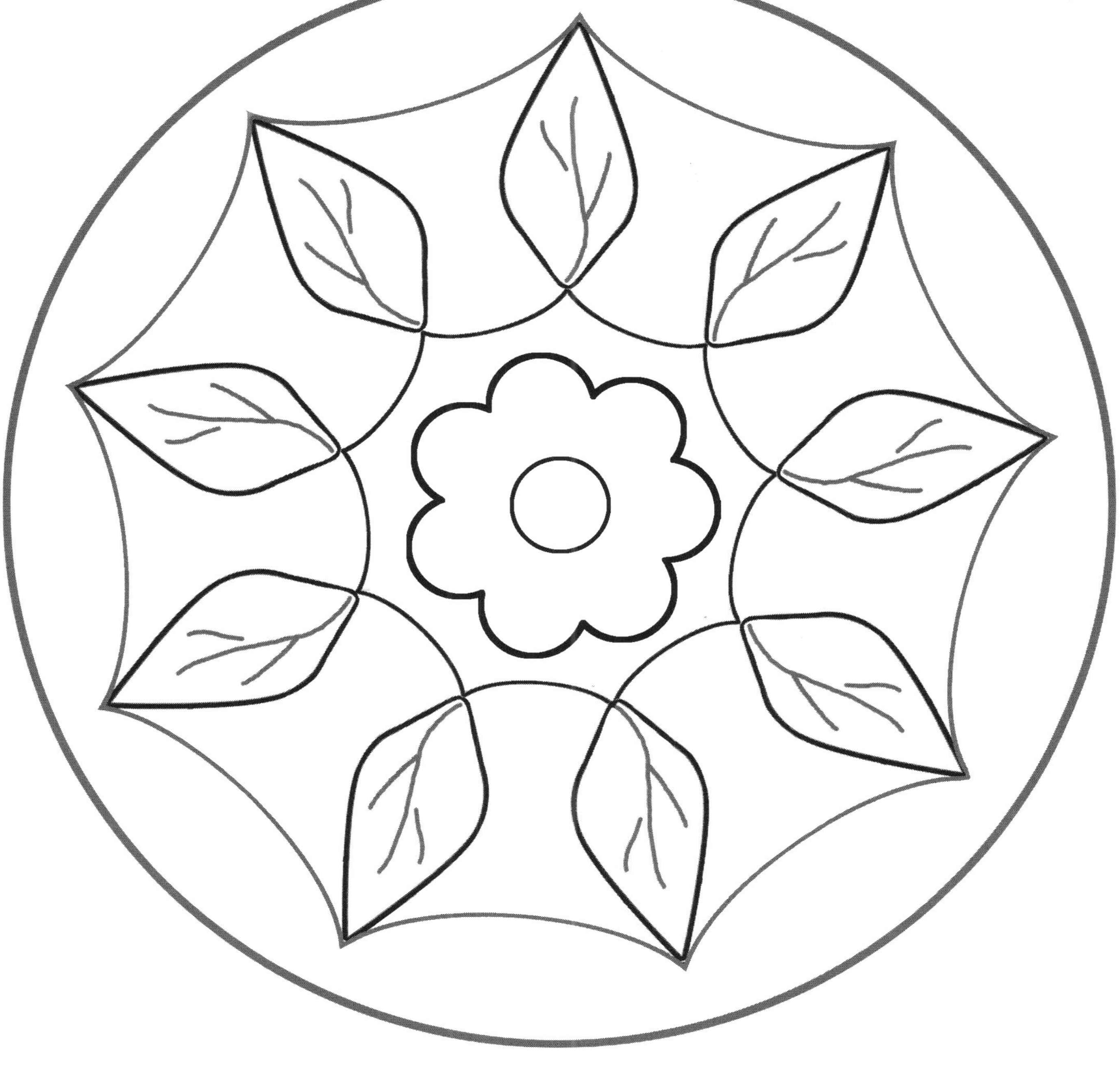

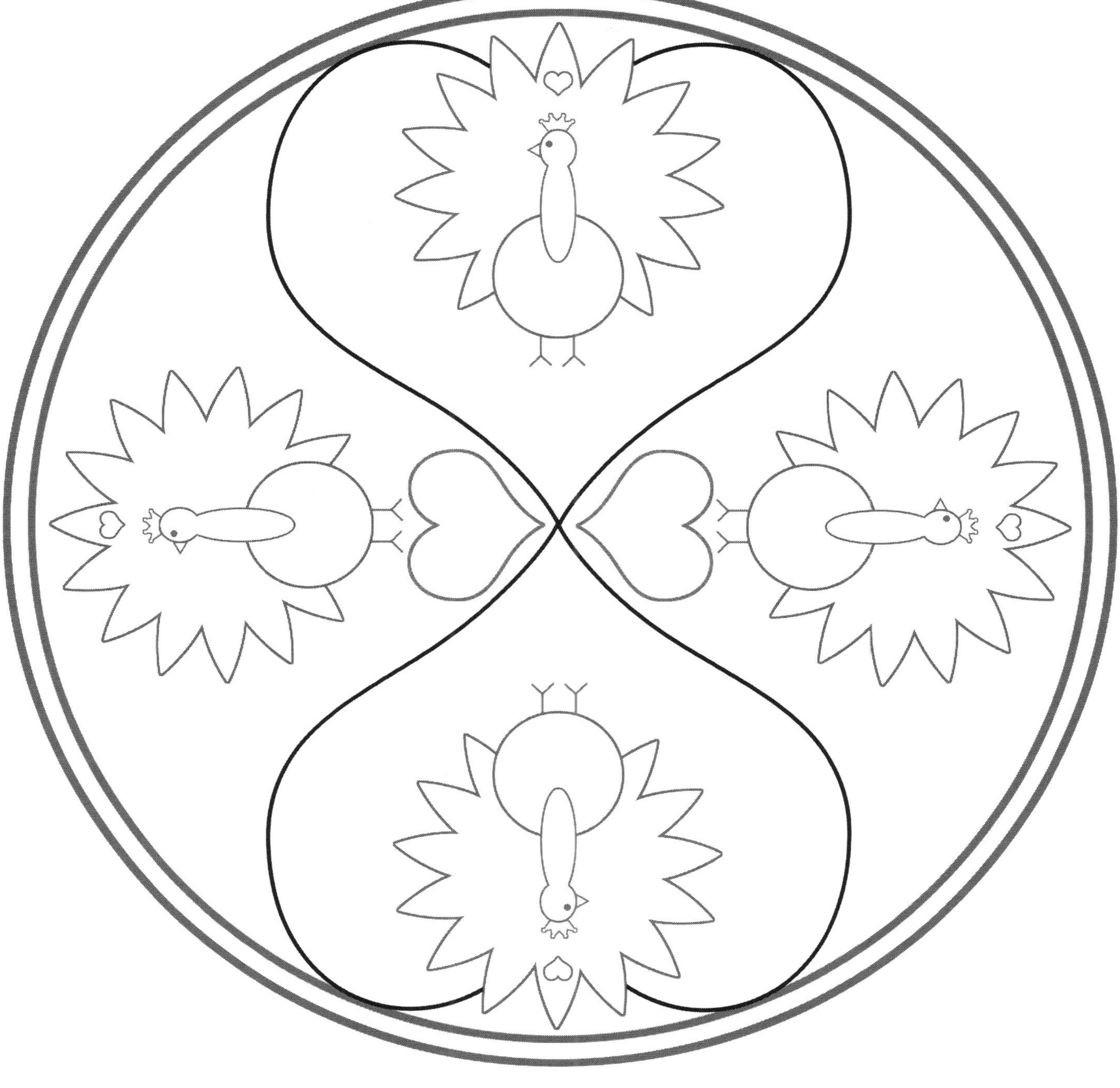

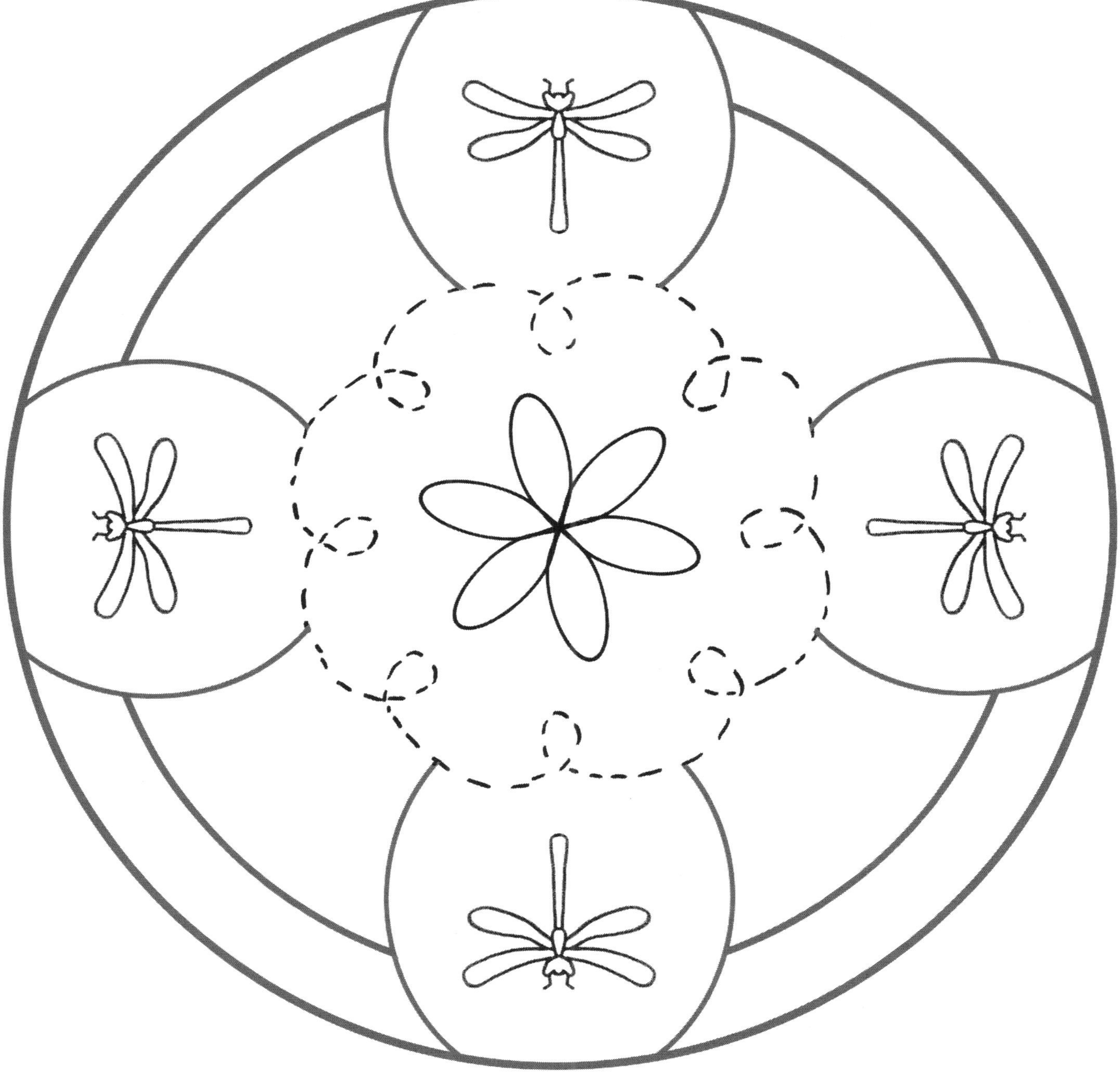

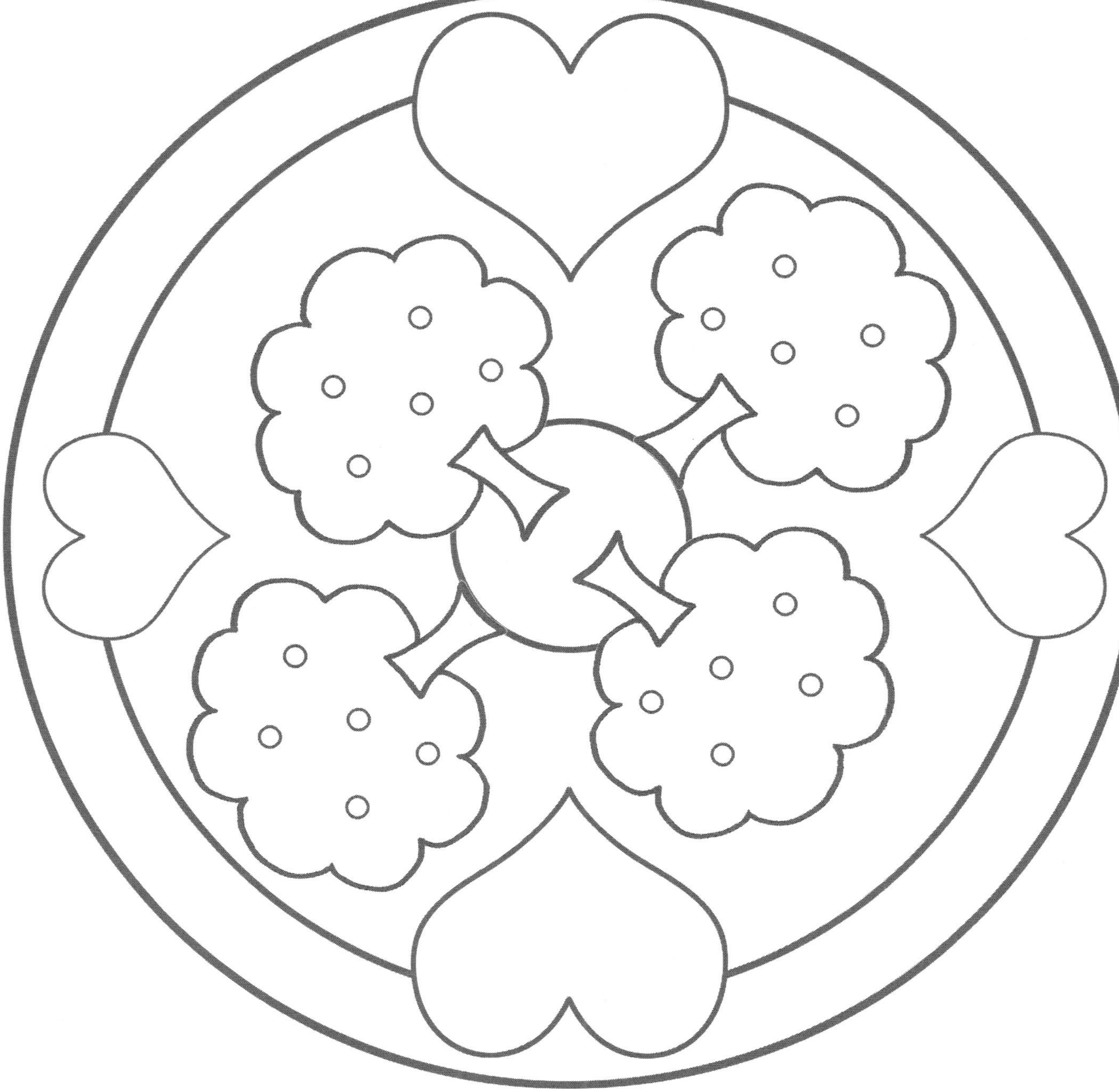

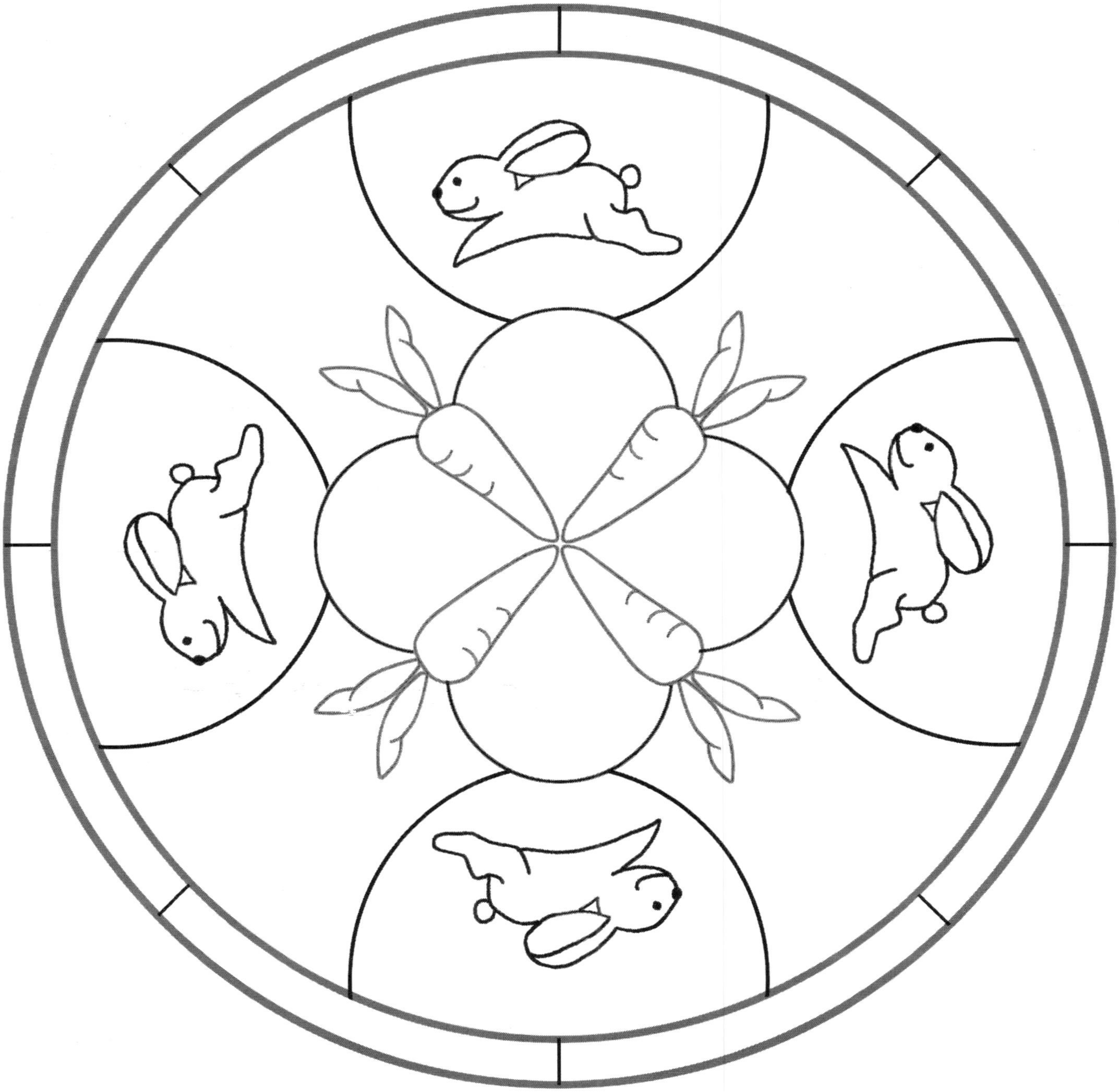

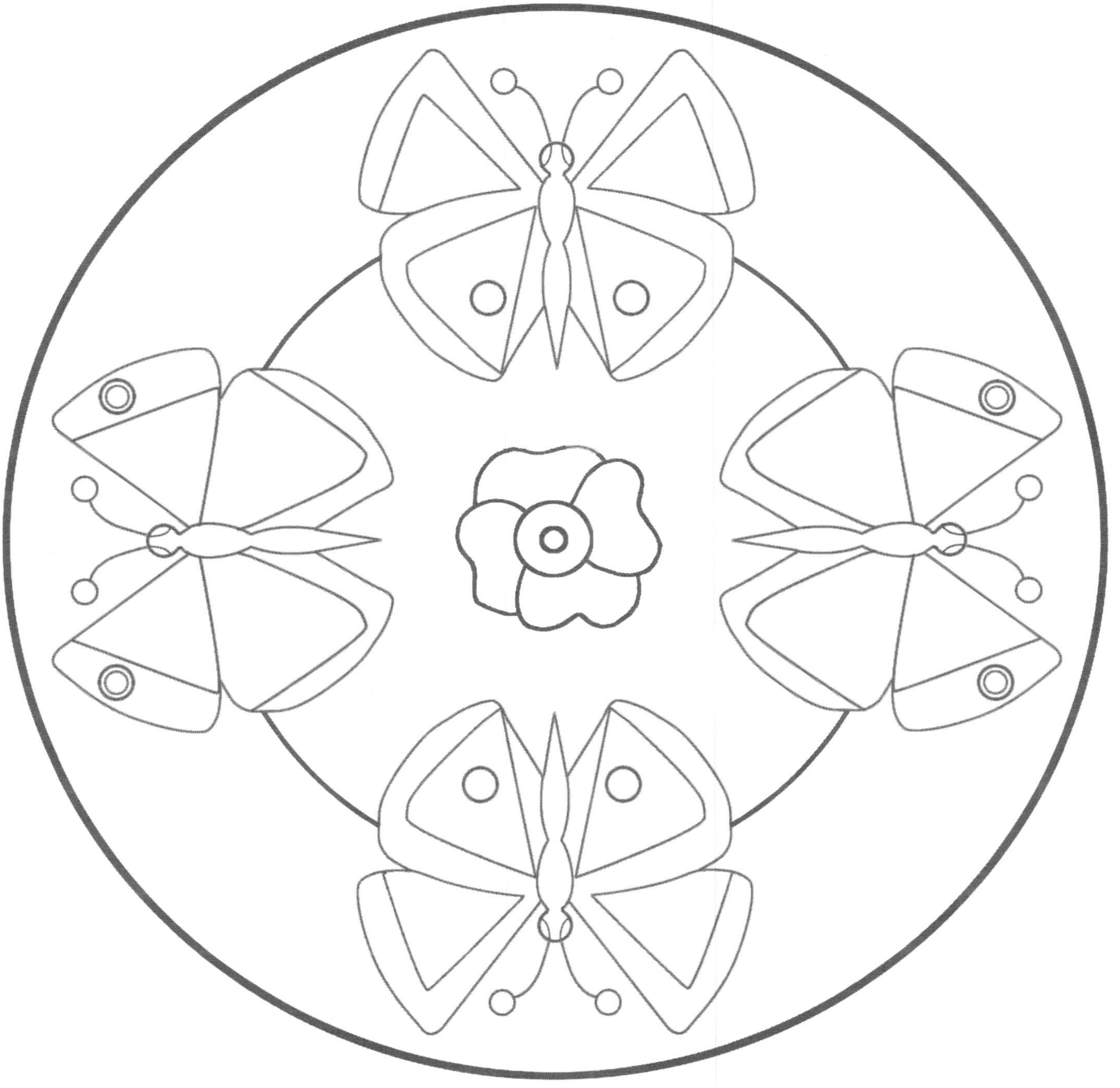

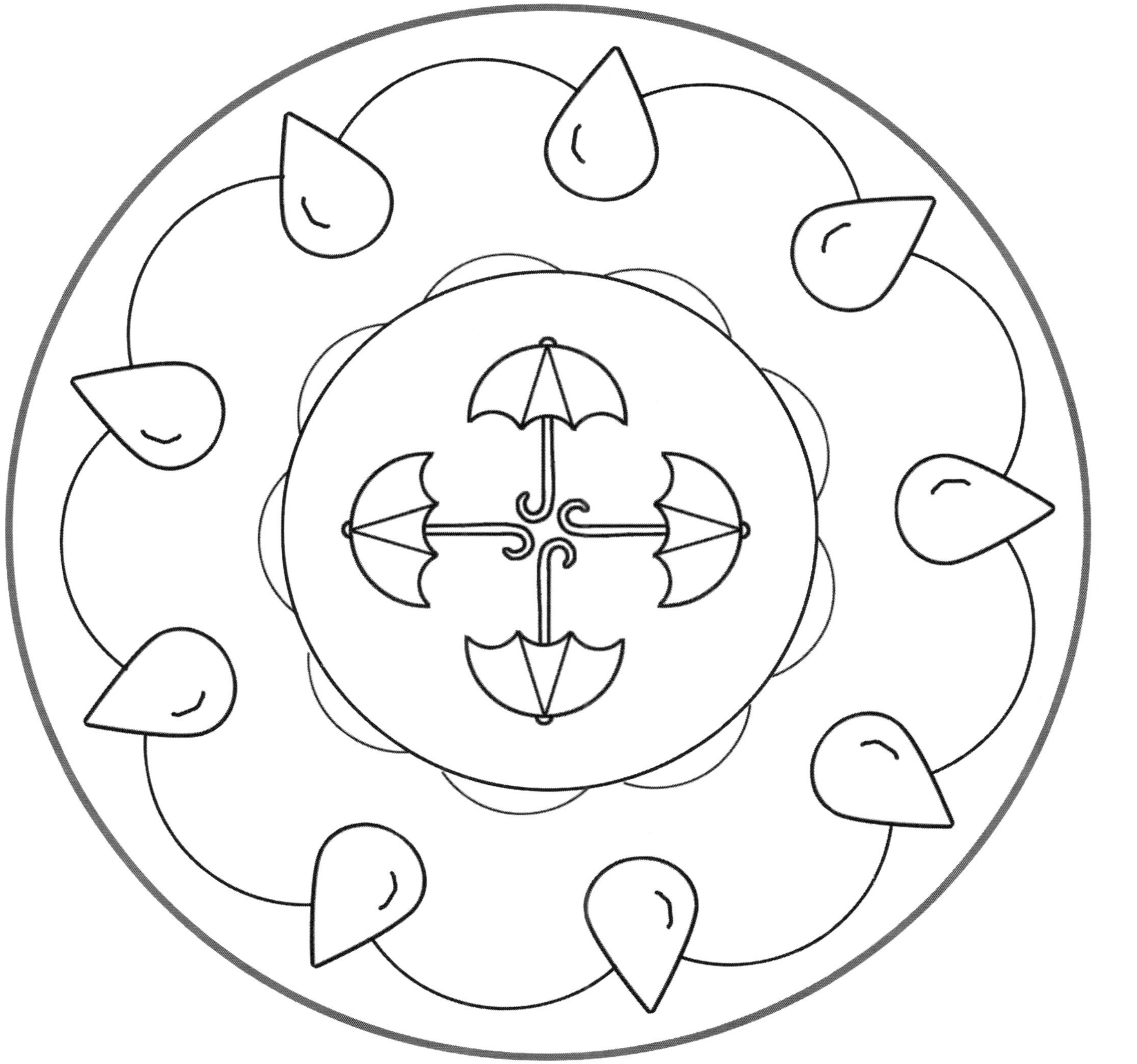

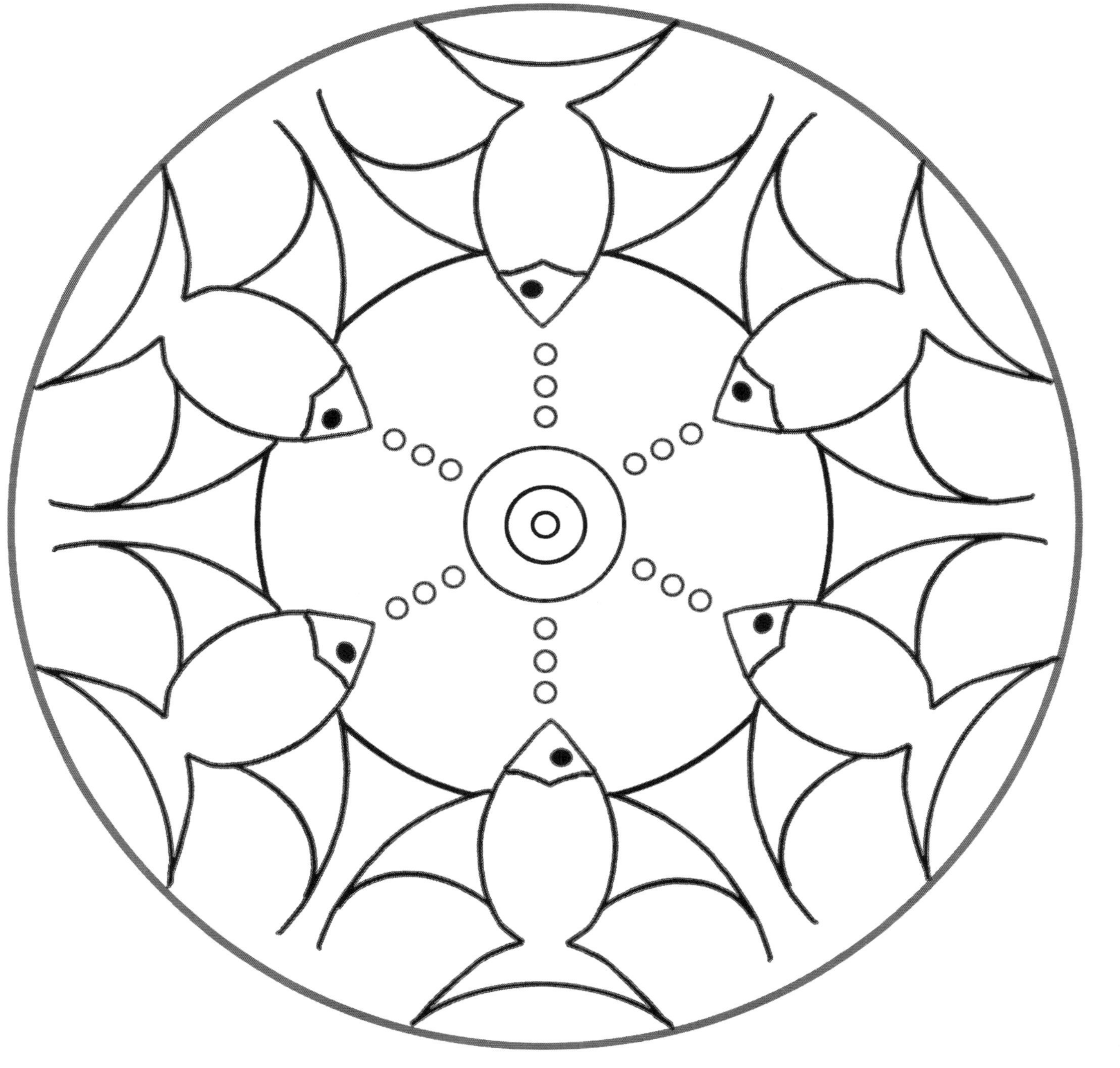

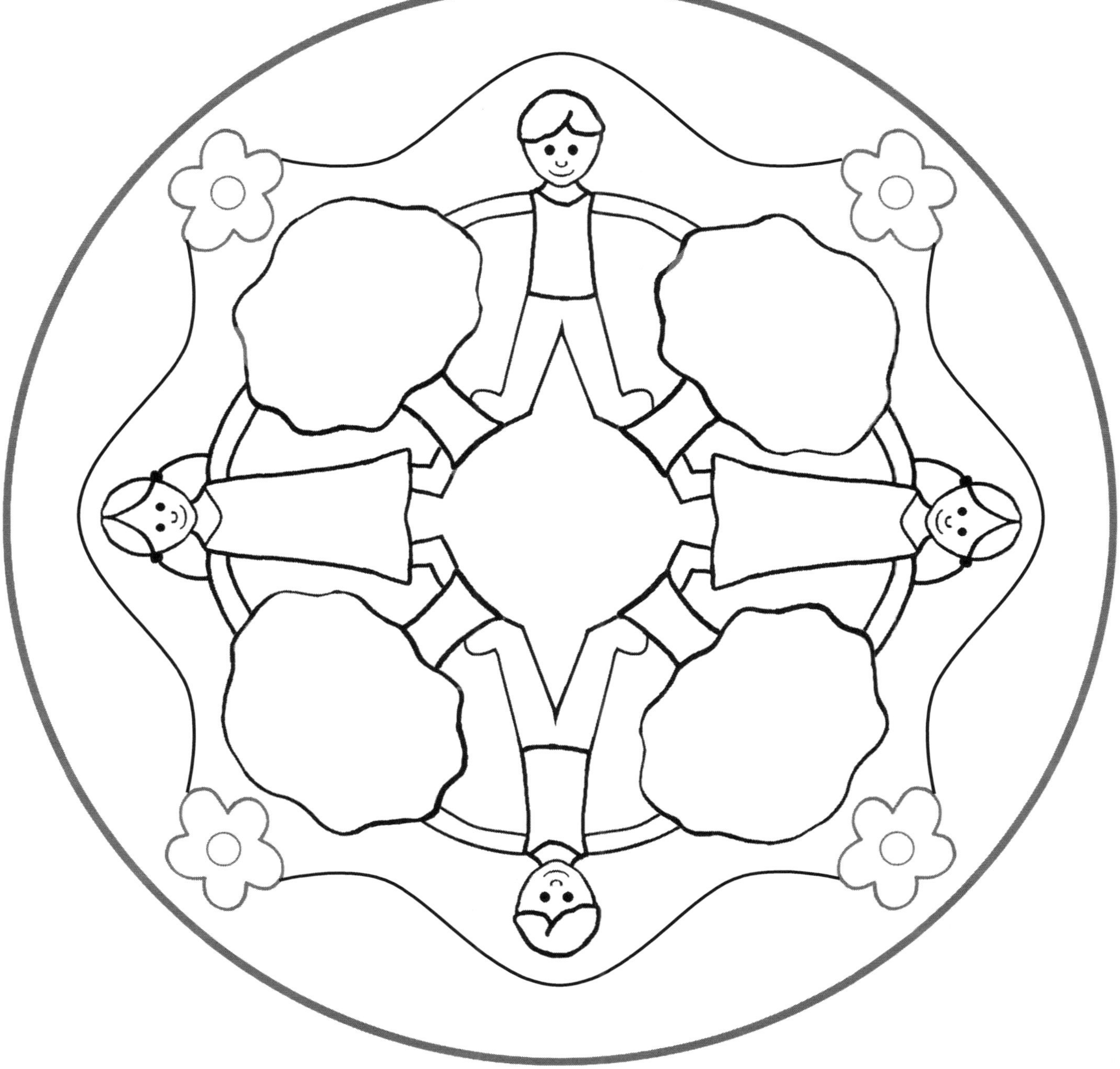

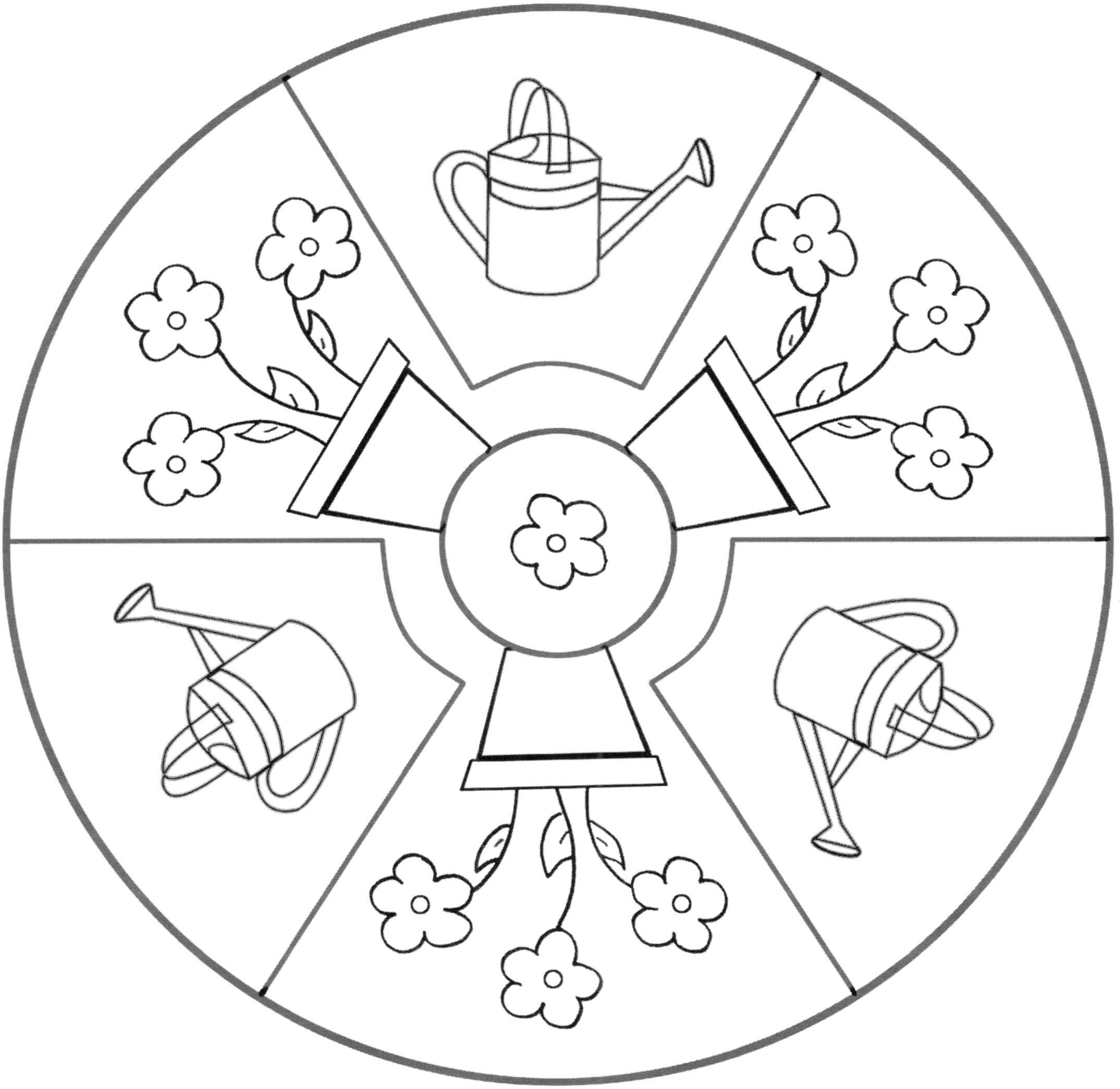

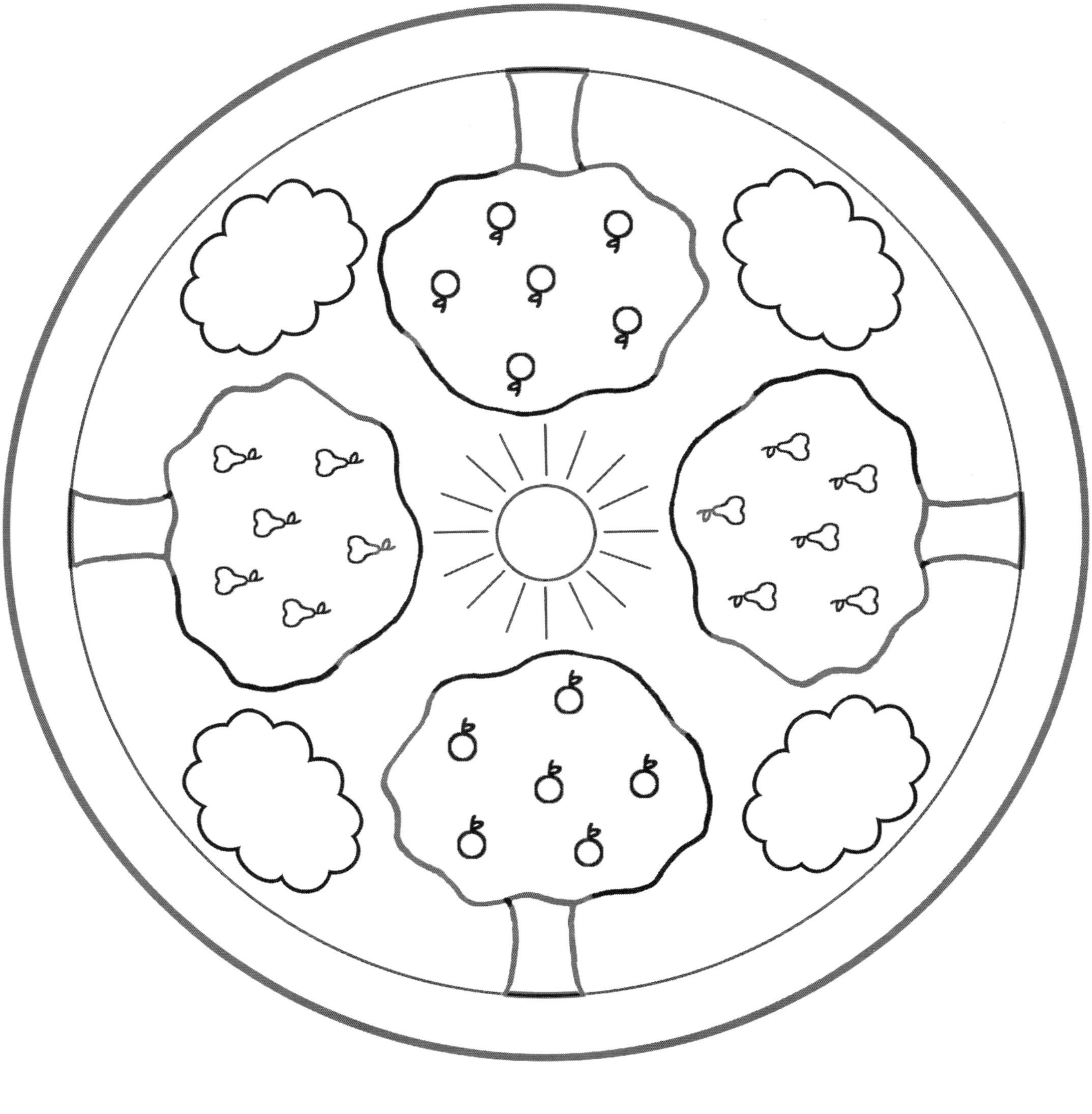

Outras Obras para Crianças

Editora Ground

Brincando com o Yoga

Elisabetta Furlan

Neste livro, as técnicas do Yoga são apresentadas à criança com graça e humor, mostrando sua relação com posturas de animais. Pela simplicidade e clareza do método didático, este livro pode ser usado para o ensino do Yoga por crianças de 3 a 10 anos, seja por sua própria conta ou acompanhadas por adultos, pais ou professores. Um engraçado pôster colorido com todas as posturas acompanha o livro, visualizando a prática de seis animadas aulas passo a passo.

Brincadeiras para relaxar
Atividades para crianças de 5 a 12 anos

Micheline Nadeau

É possível ensinar às crianças, e sobretudo fazê-las sentir, os efeitos benéficos do relaxamento como: tranquilidade, equilíbrio, perseverança, paciência, auto-confiança, criatividade e, especialmente, o prazer de viver. Para cada brincadeira o livro abrange desde sugestões para o planejamento das atividades a estratégias e técnicas de embasamento.

100 Jogos Cooperativos
eu coopero, eu me divirto

Christine Fortin

Com mais de uma centena de jogos, adaptáveis de acordo com o local, perfil e número de participantes, este livro oferece a possibilidade de repensar nosso posicionamento sobre a atividade física, o jogo e mesmo sobre a vida, por seu fundamento de participação de todos e o êxito coletivo, levando um novo olhar para a construção de uma sociedade mais consciente, harmoniosa e humana.

Editora Aquariana

Hoje Tem Palhaçada?

Cristina Von
Ilustração: Niky Venâncio

Com graça, ritmo e rimas, a autora descreve o cenário de um espetáculo de circo, com seu ambiente colorido e seus personagens, destacando a alegre presença dos palhaços. Os versos de "O Circo" e "O Palhaço", perfeitamente integrados a lindas ilustrações de Niky Venâncio encantam e despertam a imaginação do pequeno leitor.

Niky Venâncio (nikyvenancio@uol.com.br)

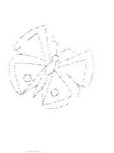